Ute Patel-Missfeldt

Seiden katzen

Ute Patel-Missfeldt

Seiden katzen

Anregungen zum Selbermalen

Eulen Verlag

Jede gewerbliche Nutzung der Arbeiten und Entwürfe ist nur mit Genehmigung der Urheberin und des Verlages gestattet.
Das Werk einschließlich aller seiner Teile ist urheberrechtlich geschützt. Jede Verwertung außerhalb des Urhebergesetzes ist ohne Zustimmung des Verlages unzulässig und strafbar. Das gilt insbesondere für Vervielfältigungen, Übersetzungen, Mikroverfilmung und die Einspeicherung und Verarbeitung in elektronischen Systemen.

Alle Rechte vorbehalten
© 1996 Eulen Verlag Harald Gläser, Freiburg i. Br.
Einbandgestaltung: Klaus Eschbach
Satz: Fotosetzerei G. Scheydecker, Freiburg i. Br.
Reproduktionen: FotoLitho Stampfer, Bozen
Druck/Verarbeitung: Druckerei Uhl, Radolfzell
ISBN 3-89102-365-0

Vorwort

Ich habe mir nie vorstellen können, daß ich eines Tages an einem Kätzchen – inzwischen ist er ein ganz schön ausgewachsener Kater – so viel Freude habe wie an unserem lieben, zärtlichen Schmusetier, unserem „Lino". Mit Hunden aufgewachsen, die laut und wild ihre Liebe bezeugen, mit schräg gehaltenem Kopf und klugen warmen Augen verstehen, was man ihnen sagt, dachte ich bis zu dem Tag, als Lino zu uns kam und unser Leben bereicherte, Katzen könnten keine Emotionen zeigen. Was für ein Trugschluß! Mit wieviel Gesten unser Kater uns sagt, daß er uns genauso liebt wie wir ihn, ist kaum zu beschreiben. Noch nie in nun schon vierzehn Jahren hat er gekratzt. Ich habe ihn aus dem Tierheim geholt. Aus sechzig, zum Teil exotischen und Rassekatzen, habe ich meinen süßen, ganz alltäglichen Wald- und Wiesenlino herausgegriffen – ein Glücksgriff! Selbst Katzengegner sind begeistert von ihm. Wenn ich heimkomme, läuft er schon dem Auto bis in die Garage nach, um sich dann, ganz leise miauend, katzenbuckelnd an die Beine zu schmiegen. Die Augen einer Katze haben nicht die Wärme von Hundeaugen. Das vergißt man jedoch, wenn die Katze sich schnurrend an einem hochzieht und abwechselnd die kleinen Pfötchen hebt und sie wie kleine Blüten spreizt.
Eine Katze hat diese herrliche, Ruhe und Gemütlichkeit verbreitende Ausstrahlung, die bewirkt, daß man selber ruhig wird. Man hat jetzt festgestellt, daß der Umgang mit Katzen Blutdruck senkend und dem Herzinfarkt vorbeugend ist. Das kann ich mir sehr gut vorstellen. Wenn ich mein schnurrendes Katzentier streichele, wenn es sich – ganz lang auf dem Rücken liegend – streckt und alle vier Beine weit von sich reckt, dann muß man schon über diesen Anblick lachen und ist gerne bereit, das seidige Fell zu kraulen.
Oder wenn ich mich einmal am Nachmittag für zehn Minuten auf die Couch zum Schlafen lege und Lino sich wie ein Kind in meinen Arm legt, das Köpfchen unter mein Kinn schmiegt, fällt der ganze Streß, die Hektik von einem ab. Nun habe ich ihn vierzehn Jahre beobachtet, ab und zu gezeichnet und kann fast seine Gedanken lesen. Darum ist es an der Zeit, daß eine Katzen-Bilderserie meine schon recht lange Bücherreihe um ein weiteres Werk bereichert. Da ich weiß, daß es unter Ihnen

eine große Zahl Katzenliebhaber gibt, bin ich sicher, Sie werden Spaß mit diesen lustigen Katzen auf Seide haben. Mir hat es auf alle Fälle Freude bereitet. Und eigentlich beginne ich erst jetzt die tollsten Ideen zu entwickeln, nachdem ich soviele Katzen in den unterschiedlichsten Positionen und Charakteren gemalt habe.

Sie können ja, angeregt durch meine Katzen, Ihren eigenen Katzenzoo entwerfen. Es ist unglaublich entspannend und macht sehr viel Freude – probieren Sie es doch einmal. Wenn Sie vielleicht eine eigene Katze haben, beobachten Sie einmal, wie sie geht, was sie tut, wenn sie nicht sofort etwas in den Napf bekommt, wie beleidigt sie mit dem Schwanz zuckt, wie sie sich freut, wenn Sie heim kommen usw.

Eine Katze kann auch eine unendliche Geschichte sein und – zusammen mit der Seide – wirkt es wie ein zauberhaftes Paar.

Ihnen ganz viele Mußestunden mit Katzen auf Seide

Ihre

Einführung

Es ist gar nicht so einfach, ein Buch zu schreiben, das nicht primär von einer Technik handelt, andererseits soll es auch kein Bilderbuch sein. Ich soll Ihnen also jetzt beibringen, wie man Katzen malt. Zuerst gehe ich davon aus, daß Sie Katzen mögen, denn sonst könnte man sie wohl nicht malen. Sie sollen schließlich lebendig wirken und müssen dazu eine Seele bekommen.

Selbstverständlich könnten Sie sie einfach abmalen, für sich selber natürlich, aber viel schöner ist es doch, seine eigene Malweise zu entwickeln. Als Übung fangen wir aber zuerst mit meinen Katzen an. Sie werden in diesem Buch sehr vermenschlicht und zu jedem Bild könnte man einen kleinen lustigen Text schreiben. Also, lassen Sie Ihrer Phantasie freien Lauf. Ob es solche Katzen gibt oder nicht, ob eine Katze so sitzt, solche Augen hat usw. – in der künstlerischen Freiheit darf es knallgelbe Katzen geben mit lila Schwänzen. Auf Seide können Sie Katzen malen, wie Sie sie gerne hätten, das schadet nicht und stört niemanden.

Nun beginnen wir mit dem Entwerfen. Zuerst mache ich stets viele Skizzen. Will ich nun auf Seide malen, blättere ich sämtliche Skizzen durch und sortiere, welche mir besonders gefallen, denn schon die Vorzeichnung muß gefallen, von ihr muß ein Impuls ausgehen.

Ich beginne mit folgenden Überlegungen: Was soll die Katze ausdrücken? Trauer, Fröhlichkeit, Zorn, Neugierde, Gleichgültigkeit?

Wo kann sie sich befinden? Auf der Straße, in der Nähe von Menschen, im Haus, im Garten?

Wie soll sie sich bewegen? Welche Position soll sie einnehmen: sitzen, laufen, hetzen, angeln, lauern, schlafen?

Was könnte sie tun: malen, lesen, kochen, radeln?

Sie sehen, der Anspruch der Ernsthaftigkeit ist hier, in diesem Buch, nicht gestellt, aber das ist gerade das Schöne, finden Sie nicht auch?

Auf den nun folgenden Seiten können Sie sehen, wie man beginnen kann. Welche Möglichkeiten es gibt, wenn man nicht gleich – wie ich es tue – auf der Seide herummalt.

Katzenköpfe

Dies ist die einfachste Übung: den Kopf und die verschiedenen Gesichtsausdrücke zu malen.

Malen Sie einfach nur einen Kreis oder ein Oval quer oder längs. An diesen Kreis kommen die eckigen Ohren, in den Kreis hinein die runden, ovalen oder vielleicht auch dreieckigen Augen, das Näschen: mal klein oder größer, auch dieses oval, rund oder eckig. Schnurrbarthaare können, müssen aber nicht sein.

Die Anordnung der Augen, ob eng zusammenstehend, schräg nach oben oder nach unten, bestimmt den Gesichtsausdruck. Genauso wie die beiden Mundstriche unter dem Näschen. Üben Sie dies einfach so, wie ich es Ihnen vorgemacht habe. Probieren Sie die unendlichen Möglichkeiten. Malen Sie einfach viele Skizzen mit Katzenköpfen.

Nicht wahr: Ohne Fleiß – kein Preis. Das gilt für alle Dinge im Leben!

Katzenkörper

Der Körper kann aus einem Kreis, einer Eiform oder einem Oval bestehen (gestrichelte Linie der Zeichnung). Darauf oder auch hinein setzen Sie den Katzenkopf, je nach Haltung. Soll die Katze aussehen, als ob sie sich vorbeugt (Nr. 3), dann wird der Kopf, wie hier, ein wenig weiter in das Oval, den Kreis usw. hineingesetzt. Den Schwanz und kleine Pfoten dazumalen – und da sitzt die Katze!

Diese Katzen sind nach dem gleichen Prinzip gezeichnet, ein Kreis oder Oval, die Arme einmal seitlich, in der Mitte oder nur kleine Pfötchen. Bei der seitlich sitzenden Katze ist ein Viereck als Hals eingezeichnet (gestrichelte Linie). Probieren Sie einfach einmal, aus Dreiecken, Vierecken, Kreisen eine Katze zusammenzustellen.

Diese Beispiele zeigen, daß auch aus Dreiecken ein Kätzchen entstehen kann. Dazu einige Dreiecke zeichnen B 1 (gestrichelte Linie) und mit mehreren Bleistiftstrichen Linien drum herum setzen, bis Sie das Gefühl haben, daß es so richtig ist.

Malen Sie am besten zuerst die Augen, die Nase und die Mundlinien. Man hat dann eher das Empfinden, daß es ein Tier wird.

Bei Zeichnung B 2 habe ich die Bleistiftlinien schon durch einen Tintenstrich ersetzt und die Vorzeichnung ausradiert. Wenn Sie jetzt den Entwurf unter die Seide legen und die Dreiecke nicht mitzeichnen, sieht die Katze aus wie Abb. B 3.

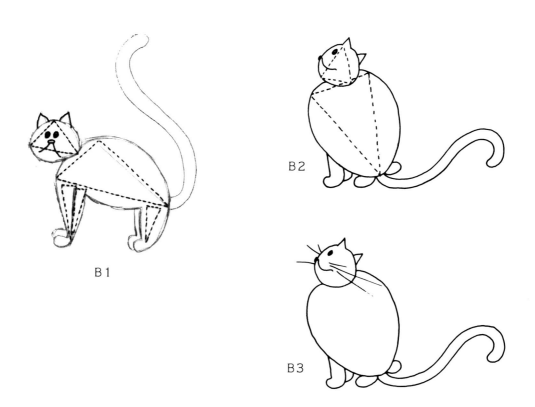

Katzen aus einem Kreis

Eine wiederum sehr einfache Übung ist diese Katze aus einem Kreis. Legen Sie entweder einen Bierdeckel oder eine Tasse auf das Papier und zeichnen Sie sich so mehrere Kreise. Den Kopf zu zeichnen, haben Sie ja schon gelernt. Setzen Sie den Kopf an verschiedene Stellen in den Kreis. Er kann auch darüber hinausragen, wie bei der Katze, die uns mit dem Rücken zugewendet sitzt. Die Stellung des Kopfes entscheidet die Haltung und weitgehend den Ausdruck der Katze. In den Kreis den Schwanz zeichnen, wenn Sie wollen, auch zwei Kugeln als Pfötchen. Dies kann auch außen an den Kreis gesetzt werden. Probieren Sie aus, indem Sie z. B. den Kopf immer an die gleiche Stelle setzen und nur die Augen und die Mundlinien verändern. Sie werden sehen, wie unterschiedlich der Ausdruck schon dadurch wird, es gibt viele Variationen. Ich finde, durch den Kreis kann man das geschmeidige, ausgeglichene, harmonische Runde einer Katze besonders vermitteln. Gerade wenn ich an meinen besonders lieben Kater Lino denke – er ist einfach rund...

Aquarelle

Katze mit Geranien

Legen Sie kurz die Skizze unter die Seide und nehmen sie wieder weg. So haben Sie jetzt das Kätzchen wenigstens in den Umrissen schon einmal vor Augen, das ist eine große Hilfe. Innerhalb dieser Linien dürfen Sie nun frei die Seidenmalfarbe setzen. Lassen Sie sie ruhig verlaufen, selbst wenn sie einmal über die Linie tritt. Es ist eben ein Aquarell, das bedeutet fließen lassen und nicht einengen. Sie werden sehen, es geht. Bei einem naß in naß gemalten Aquarell darf die Farbe fließen. Das bedeutet, daß die Farbe nicht exakt bei der Phantomstiftlinie stehen bleiben muß. Diese Linie verflüchtigt sich später ohnehin und dann sieht Ihr Kätzchen bestimmt ganz künstlerisch und spontan gemalt aus. Die Geranien setzen Sie ohne Vorzeichnen auf die Seide. Das ist nicht so schwer, vor allem spielt es nicht so sehr eine Rolle, ob ein Blatt fünf oder zehn Rippen hat. Die Blattadern habe ich bei einigen Blättern mit Alkohol herausgewaschen.

Material
Pongé 8
Pinsel Jaxhair Nr. 4–8
Farben: Awiseta: Efeu (Grün), Khaki (Gelbgrün), Indigo (Blau), Safran (Orange), Tomate (Rot), Scharlach (Rot).

Katzen auf einem Kissen

Da sitzen Sie nun bestimmt wieder auf dem besten Kissen, die beiden. Zuerst habe ich die Augen, diesmal mit schwarzer Konturenfarbe, gemalt; bei der linken Katze nur umrandet, bei der rechten gleich ganz ausgemalt. Ebenso das Näschen. Drumherum wurde aquarelliert, schön in hellen und dunklen Tönen, es muß rasch gehen, damit keine Ränder entstehen. Auch die Kissen werden frei, um die Katzen herum, nur mit Seidenmalfarbe gemalt. Danach kommen die Goldstreifen, dazwischen die rosa Punkte – fast wie Rosen – und die Blätter. Ganz zum Schluß der dunkle Vordergrund.

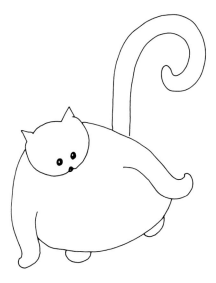
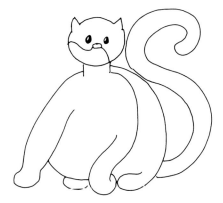

Bambuskätzchen
Aquarellkatze mit gestricheltem Fell

Auf Crêpe de Chine entstanden diese Katzen. Ich habe sie frei in der Aquarelltechnik gemalt und nach dem Trocknen mit einem größeren Pinsel das Fell angedeutet. Dazu wird der Pinsel mit sehr wenig Alkohol befeuchtet, er darf nicht zu naß sein, und danach wird mit dem Pinsel viel angetrocknete Farbe angelöst und aufgenommen. Mit zwei Fingern spreizen Sie jetzt den Pinsel – die Haare müssen in der gespreizten Form stehen bleiben – so können Sie ganz zarte Haare, Gräser oder Federn malen. Wichtig ist dabei, den Pinsel nur ganz zart über die Seide „hauchen" zu lassen, jeden Druck vermeiden. So kann man also auch ein weiches Fell darstellen. Da die Zwei so zart und japanisch aussahen, habe ich zur Ergänzung noch Bambus dazugemalt. Ein Goldzweig macht die schöne Seide noch festlicher, finde ich.

Material
Crêpe de Chine 12
Jaxhair Pinsel Nr. 8
Gold: Javana Konturenfarbe perlsilber plus Kreul Bronzepulver
Farben: Awiseta: Efeu (Grün), Indigo (Blau), Schwarz, Goldocker.

Stupftechnik

Schlafende Katze im Blumenbeet

Dieses schlafende Kätzchen habe ich zunächst mit einem Phantomstift vorgezeichnet. Innerhalb der Linien habe ich dann die fast trockene Farbe mit einem Pinsel Nr. 12 gestupft. Zuerst den Kopf, für die Ohren habe ich den Pinsel Nr. 8 genommen. Danach wurde der Körper gestupft, wobei der Schwanz zuerst ausgespart blieb. Ich habe verschiedene Farbtöne übereinander gestupft; so erzielt man ein wenig Licht- und Schattenwirkung.
Wenn der Körper fertig gemalt ist, kann der Schwanz und die Pfötchen in die noch freie Fläche gestupft werden. Da die Farbe rasch trocknet, kann man sofort das Näschen, die geschlossenen Augen, Mundlinien und Bart hineinmalen, ebenso die Ohren. Beim Schwanz habe ich feine Konturenlinien gemalt, damit das Tier nicht ganz so konturlos aussieht.
Ringsherum sind Margeriten aquarelliert und als Farbflecken angedeutete Blüten, Blätter und Gräser gemalt. Dieses Kätzchen entstand auf Crêpe de Chine Nr. 10.
Diese Art zu malen ist nur mit den dampffixierbaren, eingetrockneten Farben möglich. Sie haben also auf den plastikbeschichteten Tellern oder auf Porzellan Ihre angetrocknete Farbe. Man kann viele verschiedene Farbtöne übereinander stupfen und hübsche Effekte erzielen. Je nach Motivgröße wählen Sie die Pinselstärke aus. Tauchen Sie jetzt nur die Pinselspitze in den Alkohol und stupfen Sie damit, indem Sie den Pinsel senkrecht halten, auf die trockene Farbe. So oft, bis die Farbe nicht mehr feucht aussieht, sonst gibt es Flecken oder zu große Farbtupfer. Jetzt können Sie, immer mit leichter Hand, den gleichen Vorgang auf der Seide wiederholen. Gibt der Pinsel keine Farbe mehr ab, nehmen Sie neue Farbe auf. Auch wenn Sie noch einmal über die schon gestupfte Stelle gehen, verwischt Ihnen nichts. Dort, wo die dunklere Schattierung entstehen soll, so oft Farbe auftragen, bis die Stelle dunkel genug ist. So richtig schön farbig wird die Malerei erst nach der Dampffixierung. Lassen Sie sich also von den stumpfen Farben vor der Fixierung nicht täuschen.

Oster- und Weihnachtskarten mit Katzen

Auf der Glasplatte lassen sich Oster- und Weihnachtskarten besonders gut malen. Denn auf das Glas geklebt, können die kleinsten Seidenreste bemalt werden, bequem im Sitzen mit aufgelegter Hand.
Ich habe Ihnen eine Osterkatzen-Karte und eine Weihnachtskarte gemalt. Sie werden sicherlich noch viel bessere Ideen haben, da bin ich ganz sicher.
Bei dem Ostermotiv wurde die Aquarell- mit der Konturentechnik kombiniert. Zu Beginn wurden die Eier und Muster konturiert, danach Katzen und Blüten gemalt, Gräser und Goldähren dazwischen gesetzt. Erst dann werden die Eier farbig ausgemalt, denn die Farbwahl richtet sich nach den Blumen und Katzen. Zum Schluß kommen die Goldflächen.
Eine solche Karte verschickt man natürlich nur an die allerliebsten Katzenfreunde.

Material
Pongé 8
Jaxhair Pinsel Nr. 5–8 und 0,2
Farben: Awiseta – Gelb, Pink, Indigo, Mandarine, Türkis und Schwarz.
Goldfläche: Kreul Bronzepulver und Javana Konturenfarbe Perlrosa
Konturenfarbe: Waco sun color Rotgold und Schwarz.

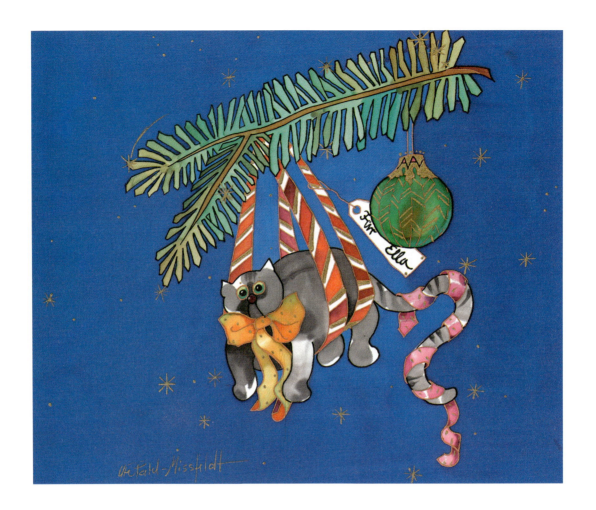

Die Weihnachtskarte in Blau ist überall konturiert, während die Karte mit dem Schneemann in der gleichen Weise wie die Osterkarte entstand. Den Schneemann aussparen, die Landschaft wird um den Schneemann herumgemalt. Die Schneeflocken werden mit Alkohol ausgewaschen.

Wenn das Bildchen fertig ist, ganz zum Schluß Goldsternchen über das ganze Motiv verstreuen, damit es festlicher und weihnachtlicher aussieht. Diese malen Sie am leichtesten mit dem Jaxhair Pinsel Nr. 0,2, das ist der feinste Pinsel.

Bunte lustige Katzen

Dies ist ein kleiner Ausschnitt aus meiner Serie „Bunte Katzen". Wenn man diese Bilder eine Weile anschaut, könnte man sehr lustige kleine Geschichten erfinden. Sie werden im Ausdruck, in der Haltung und auch anhand vieler Kleinigkeiten, wie z. B. einer kleinen Glocke am Schwanzende, leicht eine Aussage in den Bildern finden.
Auch hier habe ich meine Technik des Seidenmalens nicht erneut beschrieben, es ist die Konturentechnik. Bei einer solchen Art von Malerei benötigt man vor allem Humor und Phantasie. Wenn man einmal beginnt, sich etwas auszudenken, entwickelt sich die Phantasie zusehends. Mit dem Humor aber ist das so eine Sache! Ich kenne gottlob in meinem Freundeskreis nur wenige, die keinen Humor haben. Menschen ohne Humor sind für mich allerdings schrecklich anstrengend.

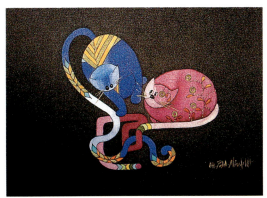

„Schuhkatzen"

In diesem Buchabschnitt sehen Sie – ohne Malanleitung – Katzen in Schuhen. Sie sind ganz einfach dekorativ. Sie können sich ja einmal überlegen, ob Sie sie für sich kopieren möchten, falls Ihnen die eine oder andere gefällt. Entweder, um sie auf eine Tasche zu malen, auf ein Kissen, als Stuhlbezug, auf Vorhänge oder auch als Bild.

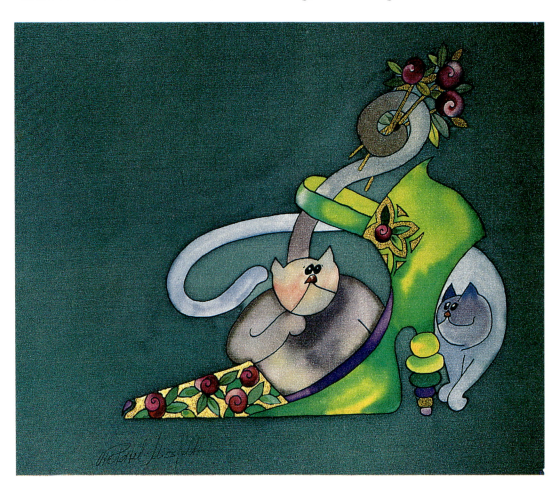

Ein Schal mit Katzen ist bestimmt auch sehr attraktiv. Oder bemalen Sie Sie doch einfach einmal einen Lampenschirm mit Katzen.

Der Schuh als Rutsche
Wenn man nicht den richtigen Zeitpunkt abwartet, kann es sein, daß einem andere auf dem Kopf tanzen. Es ist wie im täglichen Leben – und so erging es eben auch dem braunen Katzenkind mitten im Schuh!

Drei in einem Schuh
Raum ist in dem kleinsten Schuh, wenn es für manchen auch ein wenig eng erscheint.

Stiefelkinder
In einem solch hübschen Stiefel zu sitzen, muß doch wohl ein Vergnügen sein!

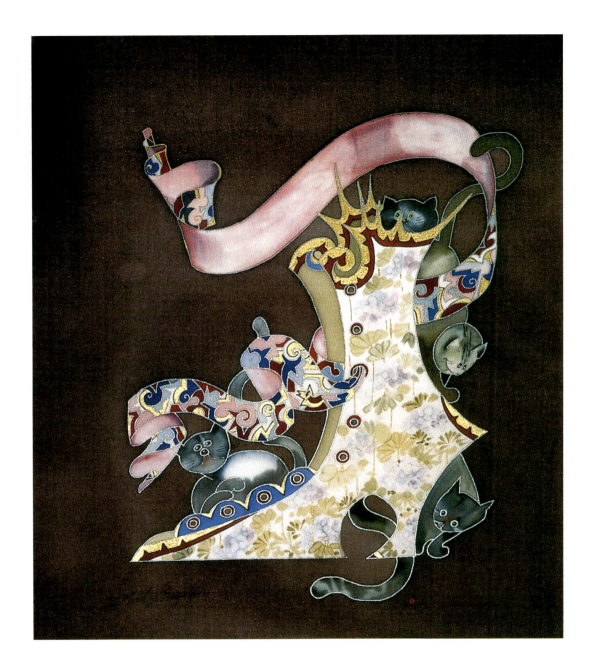

Gelbe Katzen in Rosen

Was man alles mit Katzen machen kann! Wenn man sie nicht ernst darstellen möchte, sind der Phantasie keine Grenzen gesetzt.
Hier sind nun drei Katzen mit langen bunten Schwänzen in den Rosenstrauch gestiegen. Jeder kann sich seine eigene Geschichte dazu ausdenken und erzählen. Probieren Sie es selbst einmal mit einem solchen Phantasiebild und Ihrer eigenen Katzengeschichte!

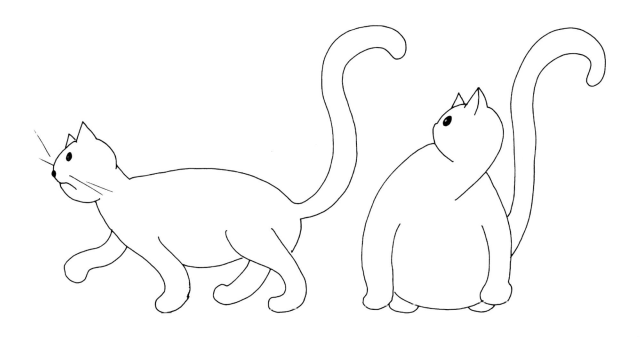

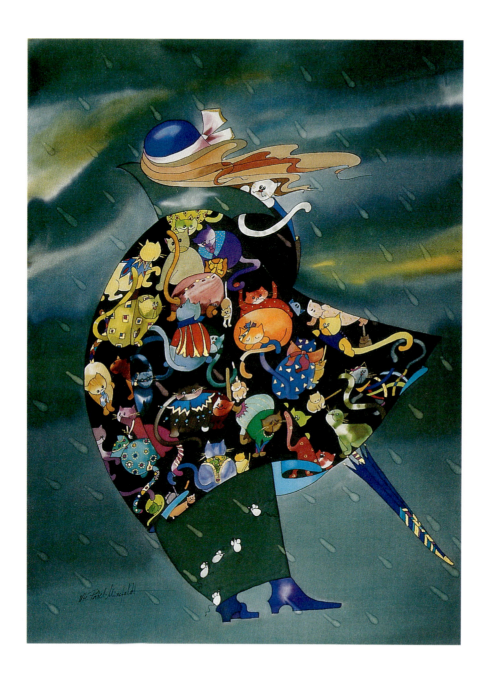

Katzenwetter

Man spricht immer von Hundewetter. Ein Hund geht ins Wasser, ihm macht Regen und Kälte gar nichts aus.

Katzen hingegen sind unglaublich wasser- und kältescheu. Wenn es regnet, steht unsere Katze erst einmal in der Tür, und nur zögernd, ganz vorsichtig und langsam wird ein Pfötchen nach draußen gesetzt, sehr widerwillig geht sie schließlich hinaus.

Um dieser Schlechtwetter-Scheu der Katzen das Gegenteil entgegenzustellen, habe ich nun einen Mantel entworfen für ein „Katzenwetter". Und in diesem Fall stören sich die vielen Katzen nicht an den dicken Regentropfen.

Diesen Mantel kann man lange anschauen und dabei viele unterschiedliche Charaktere von Katzen entdecken. Da tummeln sich sehr kleine, freche, nette, dumme, verschmitzte und auch böse Katzen. Inzwischen tanzen die Mäuse auf dem Rock herum, der unten aus dem Mantel herausschaut.

Einen solchen Mantel werde ich bald nähen, die einzelnen Schnitteile mit vielen bunten Katzen bemalen und mich dann an den – meist bewundernden – Blicken, die er auf der Straße erntet, freuen. Hoffentlich bellen keine Hunde hinter mir her.

Ich habe mit einer Zwischenfixierung gearbeitet, da der Hintergrund doch ein wenig feuchter sein mußte. Aber der Konturenmaler schließt alle feinen Linien ganz dicht ab.

Erschrockenes Katzenkind auf Chiffon

Haben Sie schon einmal ein Kätzchen gesehen, das erschrocken ist? Das ganze Fell sträubt sich, selbst um den sonst glatten Schwanz herum. Es scheint, als ob das Kätzchen damit größer, gefährlicher und erschreckender aussehen möchte.
Es ist wirklich zu niedlich, wenn ein ganz kleines Katzenkind sich so darstellt. Auf der dünnsten Seide, dem Chiffon, läßt sich das besonders gut malen. Auf der Glasplatte macht das auch überhaupt kein Problem, da wegen der festen Unterlage die Farbe nicht tropft und die Seide auch nicht durchhängen kann. Selbst diese dünne Seide läßt sich sehr gut und glatt aufspannen. Die Farbe verläuft ein wenig mehr und anders als auf Pongé, auch ist sie nicht so sehr intensiv. Auf einer schwarzen Unterlage wirken die Farben allerdings sehr leuchtend. Wunderbar lassen sich die Härchen mit einem gespreizten Pinsel und schon einmal eingetrockneter Farbe malen ohne zu verlaufen. Ich bin sicher, es wird Ihnen auf dieser Seide ganz besondere Freude machen.

Katzenstola

Zur Zeit arbeite ich an einer Katzenserie, die bei Villeroy & Boch auf Porzellan erscheinen wird. Hier sehen Sie statt einer Fuchsstola, die ja besonders gut zu dieser Art Deco-Vase gepaßt hätte, eine Katzenstola. Ich habe der Dame eine Katzenstola umgehängt, so daß der Schwanz eine Kette bildet. Auf dieser Vase ist die Bemalung noch auf Seide, aber man kann sich wohl schon vorstellen, wie es einmal aussehen wird, wenn es direkt auf Porzellan gemalt ist.
Mit Blumen sieht diese Vase traumhaft aus. Sie sehen, mit Katzen kann man so ziemlich alles verzieren, es ist ein Thema ohne Ende.

Serviettenkatzen

Die Katze ist ja als eines der saubersten Tiere bekannt. Das liebe ich auch besonders an unserem Haustiger. Auch wenn er im Regen draußen war, ich ihm danach sein seidiges Fell abgetrocknet habe, ist nichts im Hause schmutzig oder riecht. Gottlob hat die Katze nicht diesen für den Hund sehr praktischen Schüttelreflex.
Zurück zur Sauberkeit: sind sie nicht hübsch, diese Serviettenringe aus Seide? Da macht das Benutzen einer Serviette für Kinder sicherlich noch mehr Freude. Und wenn dann noch jeder sein eigenes Kätzchen hat! Einen solchen Serviettenring herzustellen, ist denkbar einfach.
Malen Sie die Zeichnungen A, B oder C, die auf der folgenden Seite um 50 % verkleinert abgebildet sind, oder auch einen Ihrer Entwürfe auf die Seide. Konturen mit Farbe ausfüllen und dampffixieren. Jetzt spannen Sie mit Klebestreifen die bemalte, fixierte Seide mit der rechten Seite auf die Glasplatte, genau wie zum Bemalen. Sie benötigen nun ein entsprechend großes Stück Lampenschirmfolie. Das ist eine Folie, die eine klebende Seite hat, auf die die Seide geklebt wird. Ziehen Sie die Schutzfolie von dem Lampenschirmpapier ab und kleben Sie sie auf die glatt gespannte Seide. Die Klebestreifen von der Glasplatte lösen und die Seide hochnehmen. Sie klebt jetzt schön faltenfrei auf der Folie. Schneiden Sie nun die einzelnen Serviettenringstreifen aus. Formen Sie einen Ring in der gewünschten Größe und kleben den Ring mit Uhu fest zusammen.
Ja, das war es auch schon! Es ist doch wirklich eine hübsche Tischdekoration, nicht wahr? Wenn man für viele Gäste solche Ringe macht, wäre ein ganzer Katzenzoo in unendlich vielen Variationen bestimmt die Attraktion einer Einladung, glauben Sie nicht auch?
Damit Ihnen die ersten drei Ringe ein wenig leichter fallen, habe ich Ihnen die Vorlage mit in dieses Buch drucken lassen. Die Länge des Streifens können Sie selbst bestimmen, je nachdem, ob der Ringdurchmesser kleiner oder größer werden soll. Machen Sie ihn ein wenig länger, abschneiden kann man immer noch.

Serviettenring

Das sind die verkleinerten Zeichnungen für die Serviettenkatzen. Wenn Sie sie vergrößert haben, legen Sie ein Stück Pergamentpapier über die Zeichnungen und zeichnen die Motive ab, um sie dann als Vorlage unter die Seide zu legen. Lampenschirmfolie erhalten Sie in den meisten Bastelfachgeschäften.

Konturenmaler

Das ist der von mir erfundene Konturenmaler, mit dem Sie Konturen haarfein und absolut geschlossen ziehen können. Wenn ich etwas nicht leiden kann, sind es komplizierte Geräte, die auch noch mühselig gereinigt werden mussen. In diesen Konturenmaler füllen Sie die Konturenfarbe, wie auf der Zeichnung zu sehen ist. Mit dem Stöpsel drückt man die Farbe durch einen inneren Fließkanal zwischen die Metallzungen, bis der Zwischenraum mit Farbe ausgefüllt ist. Der Stöpsel wird entfernt, damit kein Vakuum entsteht. Wischen Sie

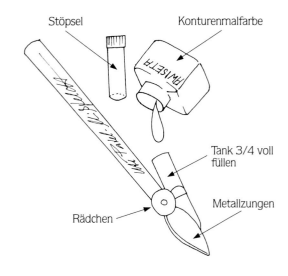

eventuell entstandene Tropfen ab, um mit sauberen Händen zu arbeiten. Mit dem Rädchen, das zum Durchdrücken der Farbe die Metallzungen weit aufgedreht hat, stellen Sie jetzt die Strichbreite ein. Die ganz feinen Linien sind am geschlossensten.

Probieren Sie ohne Druck auszuüben aus, wie breit die Kontur sein soll. Ohne Druck zu arbeiten ist sehr wichtig, da das Nachfließen der Farbe davon abhängt. Sie können die Farbe ohne das Gerät zwischendurch reinigen zu müssen, ständig nachfüllen, bis Sie Ihre Arbeit vollendet haben. Mit einer Füllung läßt sich ca. 4 m malen. Zum Malen legen Sie die Hand und den Arm ganz bequem auf die Glasplatte und fassen den Konturenmaler so kurz wie möglich hinter den Metallzungen an. Gemalt werden kann in alle Richtungen, quer, längs, rund oder am Lineal entlang. Sie können so oft absetzen und unterbrechen, wie Sie wollen. Dieser Maler macht keinen Tropfen oder Ansatz beim Weitermalen. Konturieren kann man damit entweder auf der Glasplatte oder auf den Rahmen gespannter Seide. Allerdings muß darauf geachtet werden, daß die Konsistenz der Konturenfarbe stimmt, sonst läuft die

Farbe gar nicht oder zu schnell durch. Ich nenne Ihnen noch einige passende Konturenmittel am Schluß.

Gereinigt werden kann der Maler ganz einfach. Stellen Sie ihn sehr vorsichtig in ein Glas mit Wasser, so daß er überdeckt ist, und stöpseln Sie die Konturenfarbe mehrmals mit dem Wasser durch. Abtrocknen, durchpusten, verkehrt herum in ein Glas stellen.

Wenn Sie sich einmal zwei Stunden Zeit genommen haben, um sich mit diesem wunderbaren Stift zu befassen, werden Sie so begeistert sein wie ich. Mühelos feinste Konturen zu malen – das war doch schon immer der Traum der Seidenmaler. Mit diesem Gerät wird es möglich.

Konturenfarben

Von Awiseta erhalten Sie sie in Schwarz, Gold, Silber oder farblos. Die farblose Konturenfarbe kann auch mit eingetrockneter Seidenmalfarbe eingefärbt werden.

Dann gibt es noch von der Firma Wagner, Waco Sun Color, ein herrliches Rotgold sowie Schwarz und verschiedene Blautöne.

Javana Konturenmittel muß mit ein wenig Aquarellgrund verdünnt werden. Es eignen sich auch benzinlösliche Farben, nur – und das müssen Sie herausfinden – die Konsistenz muß stimmen. Die Reinigung ist natürlich bei dieser Farbe nur mit Benzin möglich.

Biographische Daten

Ute Patel-Missfeldt, geboren am 31. 12. 1940 um 23.55 Uhr in Bremerhaven.
Verheiratet mit einem indischen Urologen, der zugleich Künstler und Philosoph ist.
1957–1960 Graphische Ausbildung in Bremerhaven.
1972–1977 Fachlehrerin am Gymnasium in Langen, Lehrfach Kunst.
Dozentin der Volkshochschule München und Ingolstadt.
Lehrauftrag der Universität Bhavnagar/Indien, Lehrfächer: Malen und Zeichnen, verschiedene Techniken, Aquarell, Pastell, Seidenmalerei, kunstgewerbliche Papierarbeiten.
Kostümbildnerin.
Rundfunk- und Fernsehaufnahmen in Deutschland und Österreich.
Ausstellungen in aller Welt.
Seit 1986 Ausstellungen und Kurse auf dem Kreuzfahrtschiff „MS Europa".
Zahlreiche Buchveröffentlichungen.

Die schönen Bücher für Ihr Hobby: Seidenmalerei

U. Bruchhäuser, **Seidenkimonos und Variationen**
Pp. ISBN 3-89102-299-9

T. Dwinger, **Seidenmalerei nach japanischen Motiven**
Pp. ISBN 3-89102-276-X

M. Forlin, **Geschichten erzählen auf Seide**
Pp. ISBN 3-89102-360-X

R. Green, **Seidenmalerei nach karibischen Motiven**
Pp. ISBN 3-89102-295-6

R. Green, **Seidenmalerei im Kinderzimmer**
Pp. ISBN 3-89102-361-8

M. Hejna, **Blumen auf Seide**
Pp. ISBN 3-89102-288-3

R. Henge, **Sternzeichen auf Seide**
Pp. ISBN 3-89102-364-2

K. Holocher, **Tiermotive auf Seide**
2. Aufl., Pp. ISBN 3-89102-285-9

K. Huber, **Seidenmalerei nach afrikanischen Motiven**
Pp. ISBN 3-89102-272-7

K. Huber, **Seidenmalerei nach indianischen Motiven**
Pp. ISBN 3-89102-281-6

K. Huber, **Seidenmalerei nach orientalischen Motiven**
Pp. ISBN 3-89102-274-3

B. van Loh-Wenzel, **Aquarelle auf Seide mit Blattgold**
2. Aufl., Pp. ISBN 3-89102-284-0

B. van Loh-Wenzel, **Collagen auf Seide**
2. Aufl., Pp. ISBN 3-89102-278-6

B. van Loh-Wenzel, **Frico-Transfer auf Seide und Papier**
Pp. ISBN 3-89102-296-4

B. van Loh-Wenzel, **Kopierkunst auf Seide**
2. Aufl., Pp. ISBN 3-89102-283-2

U. Patel-Missfeldt, **Aquarelle auf Papier und Seide**
3. Aufl., Pp. ISBN 3-89102-191-7

U. Patel-Missfeldt, **Blüten auf Seide**
5. Aufl., Pp. ISBN 3-89102-190-9

U. Patel-Missfeldt, **Malen auf Seide**
6. Aufl., Pp. ISBN 3-89102-185-2

U. Patel-Missfeldt, **Seidenmalerei nach indischen Motiven**
Pp. ISBN 3-89102-280-8

U. Patel-Missfeldt,
Seidenmalerei nach Motiven des Jugendstils
2. Aufl., Pp. ISBN 3-89102-273-5

U. Patel-Missfeldt, **Seidenkatzen**
Pp. ISBN 3-89102-365-0

U. Patel-Missfeldt, **Seidenkragen – traumhaft bemalt**
Pp. ISBN 3-89102-289-1

J. Rákosi, **Krawatten und Fliegen nach der Technik
von Ute Patel-Missfeldt**
Pp. ISBN 3-89102-282-4

J. Rákosi, **Seidentücher nach der Technik
von Ute Patel-Missfeldt**
2. Aufl., Pp. ISBN 3-89102-277-8

E. Schwinge, **Graphik und Malerei auf Seide
mit der neuen Magic-Technik**
Pp. ISBN 3-89102-362-6

E. Schwinge, **Magic-Technik auf Seide – Ein Grundkurs**
Pp. ISBN 3-89102-363-4

E. Schwinge, **Seidenmalerei nach Motiven des Alten Ägypten**
Pp. ISBN 3-89102-275-1

S. M. Sletten, **Seidenmalerei mit Pinsel und Nadel**
Pp. ISBN 3-89102-286-7

B. Unterharnscheidt, **Seidenmalerei nach Paul Klee**
2. Aufl., Pp. ISBN 3-89102-271-9

A. Vilenskaja, **Seidenmalerei nach russischen Motiven**
Pp. ISBN 3-89102-287-5

E. Wienholdt, **Seidenmalerei nach Märchenmotiven**
Pp. ISBN 3-89102-279-4

Jeder Band im Format 21,6 x 19,8 cm enthält auf 48–72 Seiten zwischen 12 und 36 Farbbilder sowie zahlreiche Schwarz-Weiß-Abbildungen.